SCHNEIDER & CIE

Siège Social : 42, rue d'Anjou, PARIS

PRODUITS & FABRICATIONS

PARIS

1914

SCHNEIDER & CIE

Siège Social : 42, rue d'Anjou, PARIS

PRODUITS & FABRICATIONS

PARIS

—

1914

ÉTABLISSEMENTS

CREUSOT (Le) : Houillères, Hauts-Fourneaux, Aciéries, Forges, Ateliers de Construction, Ateliers d'Artillerie, Polygone de la Villedieu.

CHALON-SUR-SAONE : Chantiers de Constructions navales et de Ponts et Charpentes.

DROITAUMONT : Mine de fer.

PERREUIL : Usine de Produits réfractaires.

DECIZE : Houillères.

CHAMPAGNE-SUR-SEINE : Ateliers d'électricité.

HAVRE (Le) : Ateliers d'Artillerie, Polygone du Hoc, Champ de tir à longue portée d'Harfleur.

PARIS : Ateliers pour la fabrication d'appareils de précision.

LA-LONDE-LES-MAURES : Ateliers de torpilles ; polygone de tir pour les torpilles, à la Batterie des Maures.

CREUX SAINT-GEORGES (Toulon) : Station d'essais des submersibles.

MM. Schneider possèdent, en outre, des intérêts très importants et des participations dans plusieurs Etablissements français et étrangers, qui, en vertu d'accords spéciaux et du contrôle exercé par eux, constituent en quelque sorte une extension de leurs propres ateliers.

HOUILLÈRES & MINES DE FER

NATURE DES PRODUITS

A. — Houillères du Creusot :

Charbon mi-gras employé dans la métallurgie.

B. — Houillères de Decize (Nièvre) :

Charbons à longue flamme pour usines à gaz, tuileries, métallurgie et chauffage domestique.

C. — Mine de fer de Droitaumont (Meurthe-et-Moselle) :

Minerai colithique calcaire, utilisé pour la fabrication des fontes Thomas.

HAUTS-FOURNEAUX
& FOURS A COKE

A. — FONTES, et sous-produits des Hauts-Fourneaux.

1. — **Fonte hématite** pour aciéries.

2. — **Fonte hématite** pour affinage.

3. — **Fonte hématite** pour moulages.
   - Fonte malléable.
   - Pièces mécaniques.
   - Pièces résistant au feu.

4. — Laitiers granulés.

B. — Sous-produits de fours à coke :

1. — **Sulfate d'ammoniaque**, employé comme engrais.

2. — **Benzols** 90 °/₀ et 50 °/₀ et Solvent naphta.

3. — **Goudrons.**

ACIÉRIES & FORGES

Aciers pour canons, plaques de blindages, obus, tourelles cuirassées, affûts, rails, éclisses, selles, bandages de roues de locomotives et de wagons, essieux de locomotives et de wagons, pièces de machines, blooms forgés, arbres moteurs et de transmission, pièces moulées de toutes formes et de toutes dimensions, etc.

Acier moulé en pièces de toutes formes et dimensions.

Aciers au manganèse : Moulages pour matériel de voies de Chemins de fer et tramways, aiguillages et cœurs, croisements de voies, rondelles et sellettes pour wagons, roues de bennes pour mines, fonds et mâchoires pour broyeurs et toutes pièces résistant à l'usure, etc. Rails laminés.

Aciers au nickel, au nickel chromé et au manganèse.

Aciers spéciaux à outils.

Aciers spéciaux pour pièces de grande fatigue, pièces forgées de grandes dimensions.

Aciers laminés en barres plates, rondes, carrées, profilées, planchers, tôles fortes pour coques et chaudières des plus grandes dimensions, tôles striées pour parquets et tôles minces pour casserie, fumisterie, poêlerie, dynamos, pelles, bêches, versoirs, etc.

En résumé, tous produits laminés que réclament le Commerce et l'Industrie.

La tôle d'acier doux de MM. Schneider se subtitue avantageusement à la tôle douce en fer des meilleures marques.

DÉPOSITAIRES & AGENTS

pour la vente des Tôles et Aciers laminés,

A **Paris** et dans la région :

MM. Marchand père et fils, 15 *bis*, rue de Buffon, à Paris.

CONSTRUCTIONS MÉCANIQUES

Machines à vapeur surchauffée (distribution à soupapes) système Schneider.

Machines à vapeur à *grande vitesse*, horizontales et verticales pour la commande directe des dynamos.

Machines à vapeur à *grande vitesse*, à graissage forcé (système Schneider-Allen).

Machines à vapeur pour *forges*.

Toutes machines d'ateliers.

Moteurs à gaz de toutes puissances monocylindriques, tandem ou tandem jumelés, fonctionnant au gaz de hauts-fourneaux, au gaz de gazogènes ou au gaz de fours de coke.

Moteurs à pétrole, à *combustion*, de toutes puissances à 2 temps ou à 4 temps, horizontaux ou verticaux.

Turbines à vapeur.

Groupes électrogènes de toutes puissances.

Locomotives et Matériel de chemins de fer.

Locotracteurs à pétrole et à naphtaline.

Machines d'extraction pour *mines*, à vapeur et électriques.

Appareils pour élévation d'eau.

Appareils d'épuisement.

Compresseurs d'air.

Souffleries, à vapeur et à gaz.

Presses hydrauliques et installations hydrauliques complètes.

Machines-outils de grande puissance.

Marteaux-pilons, Presses.

Pièces mécaniques sur plans et modèles.

Châssis et pièces détachées d'automobiles.

INSTALLATIONS COMPLÈTES DE FORCE MOTRICE

CHAUDRONNERIE

Chaudières :

Chaudières tubulaires à foyers intérieurs ;

Chaudières multitubulaires horizontales et verticales, système Schneider ;

Chaudières type Kestner ;

Chaudières à bouilleurs ;

Chaudières de tous systèmes ;

Chaudières pour la Marine.

INSTALLATIONS COMPLÈTES AVEC TUYAUTAGES ET CHEMINÉES PRÊTES A FONCTIONNER

MATÉRIEL DE MINES & USINES

Cages.

Wagons.

Bennes.

Brouettes.

Lavoirs.

Cheminées.

Conduites d'eau, d'air et de gaz.

Réservoirs.

Formes à sucre.

Chevalements, etc.

ÉLECTRICITÉ

Dynamos génératrices et **Électromoteurs** à courant continu de toutes puissances.

Alternateurs de toutes puissances pour éclairage et transport de force.

Moteurs à courants alternatifs.

Commutatrices.

Transformateurs et tout matériel électrique à courant continu et à courants alternatifs.

Tableaux de distributions, appareillage.

Installations complètes de stations centrales d'énergie électrique par la vapeur, le gaz pauvre et par chutes d'eau.

Transport et distribution d'énergie à toutes distances, à basse et haute tension.

Installations d'Éclairage électrique.

Chemins de fer et Tramways électriques. Installations complètes. Locomotives électriques.

Dynamos spéciales pour électrochimie et électrométallurgie.

Équipements électriques de navires de guerre et de commerce.

Équipements électriques de submersibles.

Équipements électriques d'appareils de manutention.

Équipements électriques de machines-outils.

APPAREILS DE LEVAGE

Grues locomobiles à vapeur.

Grues hydrauliques de toutes puissances.

Grues locomobiles électriques.

Grues à portique.

Grues de bord.

Ponts roulants de toutes puissances actionnés par transmissions **mécaniques ou électriques.**

Cabestans électriques.

Transbordeurs électriques.

Vérins hydrauliques.

Treuils à vapeur ou électriques pour mines.

Grues flottantes de toutes puissances.

PONTS & CHARPENTES

Ponts :

Ponts fixes de toutes portées et de tous genres ;
Ponts tournants ;
Ponts démontables pour le génie militaire ;
Ponts de chevalets ;
Passerelles, garde-corps ;
Piles métalliques ;
Ponts roulants.

Charpentes :

Charpentes de tous genres ;
Pans de fer ;
Planchers en fer ;
Phares ;
Appontements.

Conduites d'eau sous pression.
Conduites forcées.

CONSTRUCTIONS NAVALES

Chantiers de Construction à CHALON-SUR-SAONE.

Station d'essais des Submersibles, au CREUX SAINT-GEORGES, près Toulon.

Atelier et Champ de Tir de torpilles à la Batterie des Maures.

Matériel de Navigation :

Submersibles et Sous-Marins ;
Torpilleurs et Contre-Torpilleurs ;
Canonnières et Avisos de flottille ;
Canots et Chaloupes en acier ;
Remorqueurs à hélices et à roues ;
Bateaux de mer et de rivière pour passagers et marchandises ;
Bateaux-citernes ;
Bacs démontables, etc.

Matériel de Ports :

Dragues à godets et à succion ;
Chalands à clapets ;
Porteurs de déblais ;
Chalands divers en acier ;
Grues flottantes, fixes et automobiles de toutes puissances ;
Docks flottants pour torpilleurs et navires de tous tonnages ;

Bateaux-portes ;
Bouées, Coffres d'amarrage ;
Baliseurs ;
Toueurs, etc.

Machines :

Appareils moteurs de toutes puissances pour la navigation fluviale et maritime ;
Turbines et turbines à engrenages ;
Moteurs à pétrole lourd à 2 temps et à 4 temps pour cargos et sous-marins ;
Lignes d'arbres, Hélices ;
Chaudières à vapeur, type marine à petits tubes ;
Pièces détachées pour machines.

Torpillerie :

Torpilles de toutes dimensions ;
Tubes lance-torpilles aériens, sous-marins, etc.
Mines sous-marines de tous modèles.

TRAVAUX PUBLICS

Caissons pour fondations à l'air comprimé.

Cheminées.

Sas à air.

Batardeaux.

Linteaux.

Barrages.

Portes d'écluses.

Dragues à godets et à succion.

Matériel de chemins de fer.

Voies.

Wagonnets.

Grues à vapeur et électriques.

Bardeur-Titan.

Titans à grande portée.

Porte-blocs.

ARTILLERIE, BLINDAGES FORTIFICATIONS

Matériel d'armement Schneider : de marine, de côte, de siège et de place, de campagne et de montagne.

Tubes lance-torpilles aériens et sous-marins.

Obus, fusées, détonateurs, munitions de toutes sortes, etc.

Affûts, voitures, pièces détachées, enveloppes d'obus à balles, etc.

Plaques de blindage de toutes épaisseurs.

Tourelles de bord et de terre, à manœuvre électrique et à bras.

Ouvrages cuirassés de divers types pour fortifications.

PRODUITS RÉFRACTAIRES

L'**Usine de Perreuil** peut fournir les produits réfractaires de toutes formes et de toutes dimensions pour Hauts-Fourneaux, Forges, Aciéries, Usines à gaz, Verreries, Fabriques d'appareils de chauffage et, d'une façon générale, pour toutes industries employant ces produits :

Briques de toutes qualités.

Coulis réfractaires.

Briques silice.

Briques magnésie.

Tuyères et pièces spéciales pour aciéries.

SCORIES DE DÉPHOSPHORATION

SCORIES DE DÉPHOSPHORATION

Thomas GILCHRIST

DES ACIÉRIES DU CREUSOT

garanties pures de tout mélange

Pour Céréales, Prairies, Vignes, Betteraves, Pommes de terre, etc.

Teneur en acide phosphorique : **14** à **19** °/₀

Solubilité : **75** °/₀ dans le réactif de WAGNER

Finesse de mouture : **75** °/₀ au tamis de 100

LIVRAISON EMBALLAGE PERDU

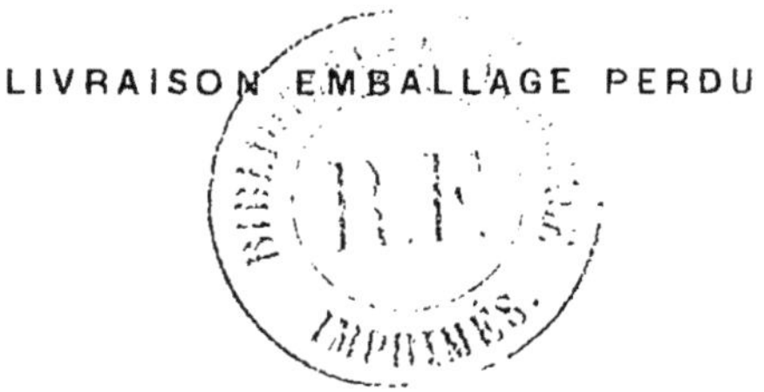

TABLE DES MATIÈRES

	PAGES
Établissements	2
Houillères et Mines de fer	3
Hauts Fourneaux et Fours à coke	4
Aciéries et Forges	5
Constructions mécaniques	7
Chaudronnerie	8
Matériel de Mines et Usines	9
Électricité	10
Appareils de levage	11
Ponts et Charpentes	12
Constructions navales	13
Travaux publics	15
Artillerie, Blindages, Fortifications	16
Produits réfractaires	17
Scories de déphosphoration	18

Imp. FRAZIER-SOYE, 153-157, rue Montmartre

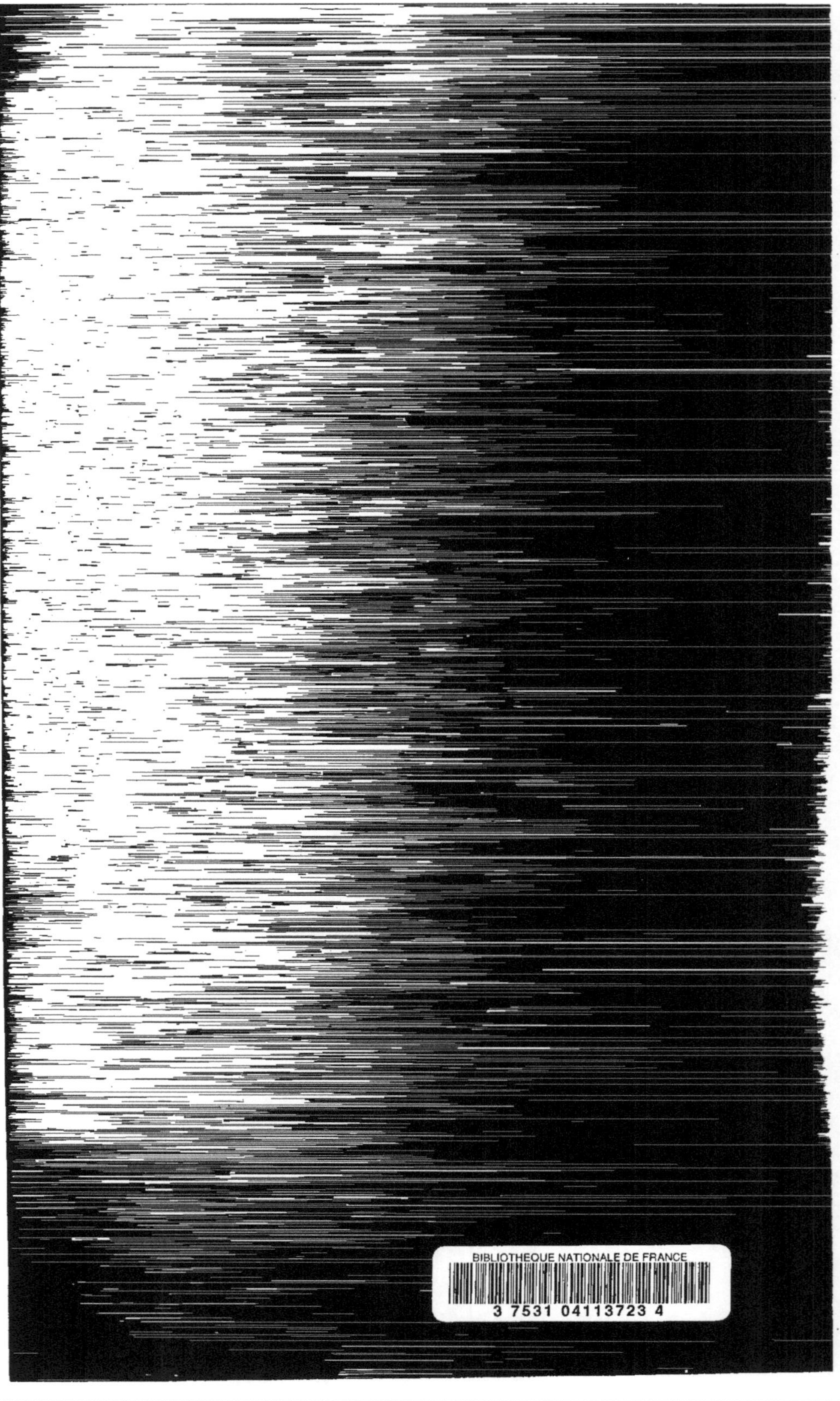

www.ingramcontent.com/pod-product-compliance
Ingram Content Group UK Ltd.
Pitfield, Milton Keynes, MK11 3LW, UK
UKHW021201230726
13926UKWH00001B/242